UN

FRANC PARLEUR

CHÂTILLON-SUR-SEINE. — IMPRIMERIE E. CORNILLAC

UN

FRANC PARLEUR

<hr>

PARIS

FÉCHOZ, LIBRAIRE-ÉDITEUR

5, RUE DES SAINTS-PÈRES, 5.

1875

UN

FRANC PARLEUR

Sommes-nous dans le provisoire ? Oui.

Souhaitons-nous d'en sortir ? Oui.

Pouvons-nous en sortir ? Oui.

Comment ? En mettant à la tête de notre nation un prince dont tous les souverains reconnaissent le droit au trône de France.

Qui est ce prince ?

Le prince impérial ? Non. Le prince impérial appartient à une dynastie parvenue au pouvoir par la Révolution. Son droit au trône est contesté et contestable.

Croyons-nous que les princes d'Orléans ne se pré-

tendent pas, au trône de France, un droit sinon supé-
rieur au moins égal au droit du prince impérial ?

Leur père n'a-t-il pas été roi des Français, roi élu par
une Assemblée française, roi accepté et conservé par
la nation française pendant dix-huit ans, c'est-à-dire
plus longtemps que le fondateur de la dynastie napo-
léonienne, et aussi longtemps que le père du prince
impérial ?

Sous le règne de Louis-Philippe la prospérité maté-
rielle de la France n'a-t-elle pas été aussi grande que
sous le second empire ? L'histoire ne reprochera jamais
à Louis-Philippe ni le coup d'État, ni l'expédition du
Mexique, ni l'invasion prussienne, ni le démembrement
de la France, ni le royaume d'Italie, ni l'empire
d'Allemagne, ni Castelfidardo, ni Sedan.

Je comprends que des Français puissent être légitimistes et même républicains conservateurs ; mais je ne
comprends pas que des Français puissent être bonapartistes. Les Napoléon ont commis un crime irrémis-
sible devant le patriotisme français, le crime d'avoir
défait la France faite par les Bourbons.

Où est donc le droit du prince impérial au trône de
France ? Les bonapartistes répondent : le prince impé-

rial ne viendra pas au nom du droit, mais par l'appel au peuple. Dans ce cas il ne donnera pas au pouvoir ce qui est la vie et la force du pouvoir, je veux dire la dignité et la stabilité. Dans ce cas il ne terminera pas le provisoire, il le perpétuera ; il laissera le pouvoir sans prestige, à la portée de quiconque joindra, à la force, la volonté de le prendre. Or, il est temps que dans notre pays cesse la lutte entre les prétendants et leurs partis politiques, si nous ne voulons pas aller par la division, le fractionnement, les commotions et les bouleversements, les jncertitudes et les appréhensions du lendemain, à la ruine et à la mort.

L'appel au peuple dans le cas présent est de tous les chemins qui conduisent au trône le plus révolutionnaire, puisque la France a un Roi légitime vivant. L'appel au peuple, c'est le pouvoir déclaré électif. Or, le pouvoir électif ne peut être en France que ce qu'il a été en Pologne, le commencement de l'agonie de la patrie. L'histoire ne nous montre le pouvoir électif que dans les républiques, chez les nations qui commencent et chez les nations qui finissent.

Quel prince choisirons-nous donc? Un prince d'Orléans? mais un prince d'Orléans se trouverait dans les

mêmes conditions que le prince impérial, et nous laisse-
rait dans tous les embarras du provisoire. Louis-Philippe est parvenu au trône par une voie illégitime. Un
prince d'Orléans aurait pour compétiteur d'abord le
prince impérial, puis ses descendants s'il en laisse, ou
un Napoléon quelconque. A un prince d'Orléans, quiconque s'en trouverait la force, pourrait disputer le
trône, et s'il y parvenait il régnerait par le même droit
que lui.

Les orléanistes disent : les princes d'Orléans s'étant
réconciliés avec le chef de leur famille, leur droit au
trône est le même, désormais, que le droit du chef de
leur famille. Oui ; cependant si leurs partisans empê-
chent le chef de la famille des Bourbons d'arriver au
trône, on se demandera, si devant les orléanistes le
droit de Henri V était vrai, réel et légitime. On se demandera aussi si la réconciliation a été loyale. Peut-être
dira-t-on : les princes d'Orléans ont voulu régner, mais
sans se soumettre aux conditions qui pouvaient légi-
timer leur règne. Si Henri V ne règne pas, la légiti-
mité des princes d'Orléans sera contestée.

Faut-il dire ici toute ma pensée? Les princes d'Orléans montrent trop d'indifférence pour le rétablisse-

ment de la monarchie. Cette indifférence me paraît une faute, et cette faute les princes d'Orléans pourront l'avoir à expier plus chèrement qu'ils ne le pensent.

Parmi les prétendants au trône de France, Henri V seul ne peut avoir aucun compétiteur légitime. Le trône de France est pour lui un héritage de famille. Ne descend-il pas, en ligne directe, de cette longue et illustre série de rois, qui ont gouverné la France jusqu'à la Révolution et n'ont été renversés du trône que par la Révolution ? Avec Henri V nous avons le droit sur le trône, et avec le droit, le prestige, la majesté, la force, la stabilité du pouvoir. Nous rentrons dans les conditions normales de la vie, dans la confiance et la sécurité.

Les malveillants et les hommes superficiels disent : Henri V rétablira l'ancien régime, reconstituera les trois ordres de l'État. Tous les abus du passé, tous les vieux priviléges reparaîtront avec lui. Le clergé et la noblesse seront tout et le reste de la nation rien. Tous les honneurs, toutes les dignités, toutes les places, tous les emplois, toutes les fonctions, toutes les faveurs seront pour ces deux castes privilégiées Qui ne sera ni prêtre, ni noble ne pourra parvenir à rien. Quel que soit son mérite, quels que soient ses talents, quelle que soit sa capacité, il devra vivre dans l'obscurité, écarté de partout, en sa qualité de vilain et de roturier.

Je le sais, ce langage est vulgaire parmi nous, ces préjugés existent et ces craintes sont entretenues dans la nation, non-seulement par les journaux révolutionnaires, mais aussi par les discours et les actes de quelques légitimistes, en arrière sur leur siècle de plus d'un siècle et demi.

Henri V agira-t-il ainsi? Non. Pourquoi? Parce qu'il ne le veut pas. Henri V connaît son temps, les besoins et les vœux légitimes de la France. Aux hommes qui voudraient lui enseigner son métier de roi il pourrait répondre ce que dit, un jour, Henri IV à son parlement : Messieurs, j'ai toutes vos conceptions dans la mienne, mais vous n'avez pas la mienne dans les vôtres. Henri V ne prétend, en aucune façon, ressusciter le passé dans ce que le passé avait conservé de la féodalité. Henri V ne ramènera ni les droits seigneuriaux, ni les dîmes, ni les corvées. Henri V veut être de son temps et de son siècle.

Honnêtes financiers, sous le règne de Henri V vous conserverez votre importance, Henri V ne supprimera ni la Bourse, ni la Banque de France.

Honnêtes commerçants, sous le règne de Henri V vous pourrez encore vous enrichir, en nous vendant, même, des objets de luxe.

Estimables habitants des campagnes, sous le règne de Henri V vous pourrez encore vendre, et même très-cher, votre blé et votre vin, vos vaches et vos moutons, vos chevaux et vos bœufs.

Estimables ouvriers, Henri V ne vous interdira pas le travail et ne diminuera pas votre salaire. Quel intérêt Henri V peut-il avoir à appauvrir la France ?

Bourgeois désireux de jouer un rôle politique, les places, les emplois et les dignités, Henri V les donnera non aux nobles seulement, mais à tous les Français qu'il en estimera dignes par leur désintéressement, leur capacité et leur moralité. Les favoris de Henri V seront les Français, nobles ou non nobles, capables et honnêtes. Sa grande ambition est d'avoir un gouvernement honnête. N'est-ce pas notre vœu à tous ?

Les hommes qui ont peur de Henri V disent : Il est possible que Henri V ait actuellement ces nobles et généreuses pensées ; mais à peine sera-t-il sur le trône qu'il se verra obsédé par les nobles et les prêtres, qui le tourmenteront pour qu'il leur rende la situation privilégiée qu'ils avaient, en France, avant 89. Qui nous peut assurer que Henri V aura assez de force dans le caractère et assez d'énergie dans la volonté pour résister à toutes ces obsessions? Qui? le bon sens. Henri V ne tentera pas l'impossible pour rendre sa royauté impopulaire. Or, ce serait tenter l'impossible de vouloir rendre aux prêtres et aux nobles leur situation antérieure à 89. On ne refait pas un passé anéanti. On peut mettre autre chose à la place, on ne peut pas le reproduire. L'ancienne organisation de la société française est morte et enterrée pour jamais, et nul n'en est plus convaincu que Henri V. Désormais tout gouvernement qui naîtra en France est condamné, bon gré, mal gré à reconnaître, à chaque Français, une personnalité réelle, une valeur sociale juste et légitime ; à accorder, à chaque Français, l'exercice de tous ses droits naturels ; à tenir tous les Français, sans distinction de naissance ou de fortune dans le droit commun. En France il n'y aura plus légalement de classes sociales, il n'y aura plus que des Français, tous égaux devant la loi, pouvant tous, chacun selon son mérite, sa capacité et sa moralité, parvenir à toutes les fonctions civiles, à toutes les dignités sociales, devenir conseiller municipal, conseiller général, magistrat, préfet, ambassadeur, ministre.

Ces idées sont-elles celles de Henri V ? Certainement. Laissons-lui la parole ; le 20 avril 1865 il écrivait : « Il
» m'a donc semblé que le moment était venu de mon-
» trer aux ouvriers que nous nous occupons de leurs
». intérêts, que nous connaissons leurs besoins et que
» nous avons à cœur d'améliorer, autant qu'il est en
» nous, leur situation. . . . .

« Le 12 mars 1866..... A quelles causes faut-il at-
» tribuer la souffrance de l'agriculture ?

» Par quelles modifications, par quelles améliorations
» peut-on espérer de l'adoucir et d'y remédier ?

» N'y a-t-il rien à faire pour alléger le fardeau des
» charges exorbitantes qui pèsent sur le sol ?

» Quels moyens prendre pour venir en aide à la pro-
» priété si profondément atteinte par les hypothèques ?

« En un mot comment guérir le mal présent, et as-
» surer à l'agriculture un meilleur avenir ?

» Voilà des questions du plus grand intérêt qui de-
» mandent à être soigneusement étudiées et sur les-
» quelles doivent se porter les sollicitudes de tous ceux
» qui aiment leur pays. . . . .

» Le 5 octobre 1848..... Exempt de préjugés, loin
» de me renfermer dans un esprit étroit d'exclusion, je
» m'efforcerai de faire concourir tous les talents, tous
» les caractères élevés, toutes les forces intellectuelles
» de tous les Français, à la prospérité et à la gloire de
» la France. » . . . .

Henri V est catholique ; mais il ne contraindra personne à le devenir. Henri V estime les nobles parce qu'ils sont les fils d'hommes illustrés par les services qu'ils ont rendus à la France, mais il les estime dans la mesure qu'ils sont estimables. Tous les nobles n'aiment pas Henri V et Henri V n'aime pas tous les nobles.

Henri V vénérera le pape, les évêques et les prêtres pour leur caractère surnaturel et aussi dans la mesure qu'ils posséderont les vertus exigées par leur degré hiérarchique.

Henri V aimera les bourgeois, les paysans, les ouvriers capables et honnêtes, parce qu'il sera le père de tout son peuple, le Roi non d'une caste, ou d'un parti, mais de toute la nation française.

Quelques Français disent : Si au lieu de choisir un Roi nous prenions la République ? Nous n'avons pas à la prendre puisque nous sommes en République depuis le

4 Septembre 1870. Ne sommes-nous pas gouvernés par une Chambre unique, pleinement souveraine? La République existe donc de fait en France depuis quatre ans.

Et, fait assez significatif, en France comme à l'étranger on nous considère dans le provisoire. C'est, dit-on, parce que la République n'a pas été solennellement proclamée par l'Assemblée.

La proclamation par l'Assemblée n'y peut rien faire. C'est une illusion ou une erreur de certains hommes de s'imaginer que le vote d'une Assemblée, ou le vote du suffrage universel puisse communiquer vitalité à une forme gouvernementale. La force vitale d'une forme de gouvernement est dans sa conformité avec les idées et les mœurs, les goûts et les sentiments, les aspirations et les habitudes d'un pays et d'un peuple. Pour vivre, pour durer, un gouvernement doit être, comme le disent les philosophes, connaturel au peuple chez lequel il est établi. Or, en France, la République a toujours été regardée comme un état contre nature, un état provisoire par lequel on passe pour aller à la dictature, à l'empire, au césarisme, ou à la monarchie.

La République n'inspire confiance à personne. Aussi sous son règne chacun garde-t-il son argent, jusqu'après la crise qui mettra fin à cet état précaire. Nous devrions être bien convaincus, par l'expérience, que la République n'est pas viable en France. Trois ou quatre fois déjà nous avons eu la République et toujours nous nous en sommes lassés. Pourquoi? D'abord parce que la République enhardit les méchants et les hommes de désordre, et inspire des terreurs assez motivées aux honnêtes gens, aux affaires, au négoce, au commerce, à l'agriculture. Ensuite parce que nous sommes d'instinct et par tempérament un peuple monarchique, catholique et soldat. Voilà notre nature; gardons-la si nous voulons rester une nation.

CHATILLON-SUR-SEINE. — IMPRIMERIE E. CORNILLAC